INSTRUCTION

DU 16 MARS 1893

POUR LE

CLASSEMENT DES CHEVAUX

JUMENTS, MULETS, MULES ET VOITURES ATTELÉES

SUSCEPTIBLES

D'ÊTRE REQUIS POUR LE SERVICE DE L'ARMÉE

SUIVIE DE

L'INSTRUCTION SPÉCIALE

POUR

L'INSPECTION DES VOITURES ATTELÉES

(Extrait du *Journal militaire*, 1er sem. 1893, n° 7.)

PARIS

IMPRIMERIE ET LIBRAIRIE DE L. BAUDOIN

ÉDITEUR MILITAIRE

30, Rue et Passage Dauphine, 30

1893

INSTRUCTION

DU 16 MARS 1893

pour le classement, en 1893, des chevaux, juments, mulets et mules et des voitures attelées susceptibles d'être requis pour le service de l'armée.

Mon cher Général, conformément aux dispositions de l'article 38 de la loi du 3 juillet 1877 (titre VIII) et du décret du 2 août suivant, portant règlement d'administration publique pour l'exécution de cette loi (titre VIII, section 2), il sera procédé, dans le délai du 15 mai au 15 juin 1893, à l'inspection et au classement :

1° Des chevaux et juments âgés de six ans et au-dessus, et des mulets et mules de quatre ans et au-dessus (l'âge étant compté du 1er janvier de l'année de la naissance) ;

2° Des voitures attelées susceptibles d'être requises.

Ces opérations seront réglées d'après les indications suivantes :

TITRE PREMIER.

DISPOSITIONS GÉNÉRALES ET OPÉRATIONS PRÉLIMINAIRES.

Répartition du territoire.

Art. 1er. Afin de réduire les dépenses du classement, les communes du territoire de chaque région sont divisées en trois catégories :

La première catégorie comprend les communes où le classement a lieu tous les ans ;

La deuxième catégorie comprend les communes où le classement a lieu les années de millésime pair ;

La troisième catégorie comprend les communes où le classement a lieu les années de millésime impair.

Les communes sont réparties entre ces trois catégories par les soins des généraux commandant les corps d'armée, suivant les besoins de la réquisition et d'après l'expérience des classements précédents, soit par département ou subdivision de région, soit par arrondissement ou par canton.

Les communes d'un même canton ne peuvent appartenir qu'à une seule des catégories visées ci-dessus.

La première catégorie comprend, d'ailleurs, le plus grand nombre possible de communes et autant que le permettent les crédits affectés au classement.

Le classement des animaux et des voitures s'effectuera en 1893 dans toutes les communes de la première catégorie et dans celles de la troisième catégorie.

Crédits affectés au classement.

Art. 2. Il sera attribué à chaque région de corps d'armée un crédit-limite, déterminé au prorata des dépenses faites lors des classements précédents. Il appartiendra aux commandants de corps d'armée, chacun en ce qui le concerne, de régler la composition du personnel, les itinéraires des commissions, les frais d'impression, etc., de façon que l'ensemble des dépenses ne soit pas supérieur au crédit qui leur est alloué.

La somme attribuée à chaque région sera notifiée d'une manière spéciale par le Ministre, sous le timbre de la 2e Direction (Bureau des Remontes).

Exécution du classement.

Art. 3. Le classement aura lieu, dans chaque commune soumise au classement, par les soins des commissions mixtes prévues à l'article 38 de la loi du 3 juillet 1877.

Les décisions de ces commissions sont définitives.

Les opérations de chaque commission ont lieu, dans les communes, à l'endroit désigné à l'avance par l'autorité militaire et sur le territoire même de la commune ; il ne pourra être fait aucune exception à cette règle.

Circonscriptions des commissions de classement.

Art. 4. MM. les généraux commandant les corps d'armée répartiront les communes où le classement doit avoir lieu en circonscriptions de commission, dont le nombre devra être calculé de telle sorte que toutes les commissions opérant simultanément puissent terminer leur travail dans le délai ci-dessus indiqué, délai qui ne devra pas être dépassé.

Le nombre des commissions devra également être calculé d'après l'examen des ressources du recensement du mois de janvier 1893, en tenant compte, en ce qui concerne les chevaux et mulets, de ceux refusés définitivement ou réformés aux précédents classements, et qui ne doivent plus être présentés.

Chaque commission devra, quand les distances à parcourir seront peu considérables et lorsque le nombre d'animaux et de voitures attelées le permettra, examiner trois ou quatre communes par jour, sous la réserve, toutefois, que le classement sera effectué avec tout le soin désirable.

Aucune commission ne devra opérer dans deux subdivisions différentes.

Un même canton ne devra jamais être fractionné entre deux commissions.

Dans chaque corps d'armée ou gouvernement militaire, toutes les commissions, sans exception, seront désignées par une série unique de numéros.

Le travail de répartition devra m'être adressé le 5 avril prochain au plus tard en double expédition : l'une destinée au Bureau des Remontes, la seconde au Bureau du Matériel de l'Artillerie, sous la forme indiquée par l'état B ci-joint pour chaque subdivision de région.

TITRE II.

PERSONNEL EMPLOYÉ AU CLASSEMENT DES ANIMAUX ET DES VOITURES ATTELÉES.

Composition des commissions de classement.

Art. 5. Les commissions mixtes chargées de procéder au classement des animaux et des voitures attelées sont composées, aux termes de l'article 38 de la loi du 3 juillet 1877 :

1º D'un officier, président, ayant voix prépondérante en cas de partage des voix ;

2º D'un membre civil choisi dans la commune, ayant voix délibérative ;

3º D'un vétérinaire militaire ou d'un vétérinaire civil ou, à défaut, d'une personne compétente habitant la commune et désignée par le maire, ayant voix consultative.

Officiers présidents.

Art. 6. Les officiers présidents sont désignés par les soins du général commandant le corps d'armée.

Ces officiers sont choisis parmi ceux de l'armée active, de la réserve ou de l'armée territoriale (1) appartenant à la cavalerie, à l'artillerie (à l'exclusion de l'artillerie de forteresse), au train des équipages militaires ou au service éventuel des remontes ou des réquisitions.

Peuvent également être désignés pour ces fonctions des officiers de gendarmerie de réserve ou de l'armée territoriale.

Les désignations des officiers de l'armée active sont réparties

---

(1) Les officiers de réserve et de l'armée territoriale, autres que ceux susceptibles d'être désignées d'office ou retraités en vertu de la loi du 22 juin 1878, ne peuvent être désignés qu'avec leur consentement ; ils sont en uniforme. Ces dispositions sont également applicables aux vétérinaires.

Les officiers retraités qui ne sont pas pourvus d'un grade d'officier de réserve ou de l'armée territoriale, ne peuvent pas être employés au classement.

aussi également que possible sur les corps de troupes à cheval de chaque région. Ils sont choisis de préférence parmi ceux ayant déjà opéré les années précédentes et qui doivent, en cas de mobilisation, présider des commissions de réquisition.

Il pourra être désigné des officiers de réserve et de l'armée territoriale n'ayant pas servi dans l'armée active, sous la réserve expresse que ces officiers posséderont toute l'aptitude désirable.

Vétérinaires.

Art. 7. Tous les vétérinaires militaires du cadre actif qui pourront, sans inconvénient, être distraits du service des régiments seront désignés, dans chaque corps d'armée, par le général commandant ; il semble suffisant pour assurer le service de ne laisser qu'un seul vétérinaire par corps de troupe, fraction de corps ou établissement.

Les aides-vétérinaires stagiaires de l'École d'application de cavalerie seront, en outre, mis à la disposition des généraux commandant les corps d'armée, qui s'adresseront, à cet effet, au général commandant l'École, auquel des instructions sont données en conséquence.

Le nombre de ces aides étant limité, il en sera attribué un à chaque corps d'armée ; un second pourra l'être aux corps d'armée pour lesquels la demande en aura été faite et dans l'ordre d'arrivée de ces demandes à l'École de cavalerie.

A défaut de vétérinaires militaires de l'armée active, de vétérinaires de réserve et de l'armée territoriale, des vétérinaires civils seront désignés par les préfets, sur la demande de MM. les généraux commandant les corps d'armée.

Pour faciliter, autant que possible, la tâche de chacun d'eux et ne pas les distraire trop longtemps de leur clientèle, des substitutions pourront être faites, de telle sorte que plusieurs vétérinaires civils soient appelés à faire partie successivement de la même commission. Toutefois, et pour des raisons d'économie, comme il est dit à l'article 8 ci-après, ces substitutions ne peuvent se faire dans la même journée d'opérations, quel que soit le nombre des communes visitées dans cette journée.

Ces choix seront faits avec le plus grand soin, de manière à sauvegarder à la fois les intérêts de l'État et ceux des populations ; ils devront porter de préférence sur d'anciens vétérinaires militaires.

Les désignations faites seront notifiées par les préfets aux généraux commandant les corps d'armée, qui arrêteront alors définitivement la composition des commissions.

Les vétérinaires civils, ceux de la réserve et de l'armée territoriale devront toujours être affectés à une commission opérant en dehors de la circonscription de leur domicile.

Dans le cas où le vétérinaire militaire ou le vétérinaire civil viendrait à faire défaut, une personne compétente devra être désignée à l'avance par le maire dans chaque commune.

Dispositions communes aux officiers et vétérinaires de réserve ou de l'armée territoriale.

Art. 8. Des officiers et des vétérinaires militaires de réserve et de l'armée territoriale pourront être désignés d'office pour faire partie des commissions de classement ; dans ce cas, ils seront convoqués comme pour un stage d'instruction au titre de leurs corps ou services, et pour une durée qui ne pourra excéder 28 jours pour les officiers et vétérinaires de réserve, et 15 jours pour ceux de l'armée territoriale.

Les allocations déterminées pour ces officiers et vétérinaires (titre III) seront payées exclusivement sur le crédit alloué à la région de corps d'armée, au titre du chapitre XLII du budget (recensement des chevaux).

Les officiers et vétérinaires de l'armée territoriale appelés d'office pour une période de 15 jours, pourront être maintenus, avec leur consentement, jusqu'à la fin des opérations du classement.

Dans le cas contraire seulement, des substitutions pourront être faites dans le personnel d'une commission, de telle sorte que plusieurs officiers ou vétérinaires soient appelés à faire partie successivement de cette même commission. Toutefois, et pour des raisons d'économie, cette substitution ne devra pas avoir lieu dans la même journée.

Chaque commandant de corps d'armée ne pourra convoquer que les officiers et vétérinaires de réserve et territoriaux appartenant à un corps de troupe stationné sur le territoire de sa région, quelle que soit la résidence de ces officiers.

Les officiers et vétérinaires de réserve et de l'armée territoriale affectés à des dépôts de remonte ou à d'autres services (étapes, etc.), seront toujours convoqués dans la région de corps d'armée de leur résidence.

En résumé, les commandants de corps d'armée auront toute latitude pour fixer la proportion des officiers et vétérinaires de réserve et de l'armée territoriale à employer au classement, en tenant compte des dispositions qui précèdent, et sous la condition de ne pas dépasser, dans l'ensemble des dépenses, le crédit alloué à leur région.

Membres civils.

Art. 9. Les membres civils sont désignés par les soins du préfet.

Dans aucun cas, le maire de la commune ou son suppléant légal, dont la présence est obligatoire pendant la durée des opérations de la commission de classement, ne pourra être désigné comme membre civil de ladite commission.

Secrétaires des commissions et militaires de la gendarmerie.

Art. 10. A chaque commission est attaché un sous-officier ou brigadier de corps de troupes à cheval de l'armée active, qui remplit les fonctions de secrétaire.

Autant que possible, ce sous-officier ou brigadier est pris dans le corps auquel appartient l'officier président de la commission, quand celui-ci fait partie de l'armée active.

Des sous-officiers ou caporaux réservistes des sections de secrétaires d'état-major et du recrutement pourront également être employés à ce service.

On pourra également affecter aux commissions de classement les sous-officiers ou brigadiers appartenant à la réserve ou à l'armée territoriale, désignés pour être employés dans les commissions de réquisition. Ces sous-officiers ne pourront, d'ailleurs, être convoqués que s'ils ont encore une période d'instruction à accomplir.

Deux militaires de la gendarmerie, au moins, assistent aux opérations et maintiennent l'ordre, sous l'autorité du président de la commission.

L'un de ces militaires tient la toise, qu'il remet au vétérinaire au moment de toiser chaque animal présenté.

Constitution définitive des commissions.

Art. 11. Lorsque les désignations des vétérinaires civils et des membres civils ont été communiquées aux généraux commandant les corps d'armée, ceux-ci arrêtent définitivement la composition des commissions.

Contrôle des opérations des commissions.

Art. 12. Les généraux commandant les corps d'armée pourront désigner les commandants des dépôts de remonte placés sur leur territoire pour contrôler les opérations du classement des chevaux et mulets ; avis en sera donné aux commandants des circonscriptions de remonte, en ce qui concerne les dépôts faisant partie des circonscriptions de Caen et de Tarbes. Pour les dépôts placés en dehors des circonscriptions de remonte, cet avis sera adressé à M. le général inspecteur général permanent des remontes.

Les généraux commandant les corps d'armée pourront également désigner pour ce contrôle des officiers de leur état-major.

TITRE III.

INDEMNITÉS AUX MEMBRES DES COMMISSIONS ET AUTRES PERSONNES.

Personnel de l'armée active.

Art. 13. Les officiers de l'armée active, les vétérinaires militaires et les sous-officiers ou brigadiers secrétaires de l'armée active qui opèrent dans le lieu de leur garnison n'ont droit à aucune indemnité.

Ceux qui opèrent hors de leur résidence ont droit, savoir :

A l'indemnité ordinaire de route, pour se rendre de leur résidence à la localité où commencent les opérations de classement ;

A une indemnité journalière, pour chaque journée comprise entre le premier et le dernier jour des opérations de classement.

Cette indemnité est fixée, savoir :

A 10 francs, pour les officiers et les vétérinaires militaires de l'armée active (1) ;

A 5 francs, pour les sous-officiers, brigadiers ou caporaux secrétaires.

La même indemnité de 10 francs et de 5 francs est allouée, suivant le cas, pour les jours de repos, pendant le cours des opérations ; toutefois, les indemnités ci-dessus ne sont pas dues pour les journées de repos lorsque ces militaires peuvent, en raison de la distance, rentrer à leur corps sans perte de temps ou sans dépense appréciable ;

A l'indemnité de route, pour se rendre de la dernière localité où ils ont opéré à leur résidence.

Les indemnités journalières de 10 francs et de 5 francs ne peuvent, en aucun cas, se cumuler avec l'indemnité journalière de route.

Quand les officiers de l'armée active, présidents des commissions, sont convoqués hors de leur résidence par le général commandant le corps d'armée, afin de recevoir des instructions spéciales, ils n'ont droit qu'à l'indemnité de route.

Personnel de la réserve et de l'armée territoriale et vétérinaires civils.

Art. 14. Les officiers et vétérinaires de réserve ou de l'armée territoriale et les vétérinaires civils reçoivent une indemnité de 10 francs par journée d'opération au lieu de leur résidence.

L'indemnité de déplacement hors du lieu de leur résidence est fixée à 18 francs par journée.

Ces diverses indemnités sont exclusives de toute allocation de solde et de toute indemnité de route ou autre.

Elles sont dues aux officiers présidents, lorsqu'ils sont convoqués par le général commandant le corps d'armée pour recevoir des instructions spéciales, comme il est dit ci-dessus.

La personne habitant la localité, qui est appelée à remplacer le vétérinaire, reçoit une indemnité de 10 francs pour chaque journée d'opération. Dans le cas où la commission visiterait plusieurs communes dans la même journée, cette indemnité serait

---

(1) Ces officiers et vétérinaires pourront faire établir, dans chaque localité, des bons de fourrages pour la nourriture des chevaux qu'ils sont autorisés à emmener au titre de leurs corps, ainsi qu'il est dit à l'article 49.

réglée au prorata du temps passé dans chaque commune, sans toutefois que la somme à payer puisse être inférieure à 3 francs sans comporter de fraction de franc.

Les sous-officiers ou brigadiers secrétaires appartenant à la réserve ou à l'armée territoriale reçoivent la même indemnité que les secrétaires de l'armée active.

Membres civils.

Art. 15. Il n'est alloué aucune indemnité aux membres civils (art. 38 de la loi du 3 juillet 1877).

Droit au logement.

Art. 16. Les officiers et vétérinaires (à l'exclusion des vétérinaires civils) ont droit au logement chez l'habitant ainsi que les sous-officiers ou caporaux secrétaires (1). Cette disposition devra être mentionnée sur l'ordre de service.

En outre, les officiers et vétérinaires militaires de l'armée active ne subiront aucune retenue pour le logement en nature, par application du paragraphe 5 de l'article 78 du règlement du 29 mai 1890 sur le service de la solde.

Payement des indemnités.

Art. 17. Ces indemnités sont payées à la fin des opérations, au moyen de mandats délivrés par les sous-intendants militaires sur le vu des feuilles itinéraires (modèle n° 1) transmises par les présidents des commissions opérant dans leur ressort et émargées chaque jour par les ayants droit. Dans le cas prévu à la fin du 5e paragraphe de l'article 14, le nombre des heures de présence du suppléant du vétérinaire sera indiqué par le président au-dessus de l'émargement de la personne intéressée.

L'itinéraire devra, en outre, indiquer le nombre de jours passés en route, soit pour l'aller, soit pour le retour, par les officiers et vétérinaires de la réserve et de l'armée territoriale et par les vétérinaires civils.

La dépense sera imputée sur le crédit alloué à la région de corps d'armée au titre du chapitre XLII du budget (Recensement des chevaux).

Avances à faire aux divers personnels.

Art. 18. Des avances pourront être faites successivement par les soins des fonctionnaires de l'intendance, jusqu'à concurrence de la moitié du service probable ou restant à faire, aux officiers et vétérinaires de réserve ou de l'armée territoriale et aux vétérinaires civils.

---

(1) Afin d'éviter toute difficulté, les préfets devront mentionner sur les affiches que les membres militaires des commissions de classement, ainsi que les cavaliers qui les accompagnent, ont droit au logement chez l'habitant

Quant aux officiers de l'armée active présidents des commissions, ainsi qu'aux vétérinaires militaires, les corps auxquels ils appartiennent leur feront des avances pouvant s'élever également à la moitié du service probable.

D'autres avances peuvent leur être faites par les soins des fonctionnaires de l'intendance au cours des opérations, et toujours dans la limite de la moitié du service restant à faire.

En ce qui concerne les sous-officiers ou brigadiers secrétaires, la totalité des indemnités qui peuvent leur être dues est remise, dès le début des opérations, par le corps aux officiers de l'armée active, présidents des commissions, qui les leur délivrent au jour le jour.

Les avances faites par les corps seront portées en dépense aux fonds divers, et le remboursement sera effectué intégralement par les officiers et vétérinaires militaires débiteurs aussitôt après payement du solde de ces indemnités.

Ce solde est payé aux intéressés par le fonctionnaire de l'intendance dans le ressort duquel se trouve le corps auquel ils appartiennent et qu'ils doivent rejoindre aussitôt après les opérations de classement terminées.

Quand le président est officier de réserve ou de l'armée territoriale, il reçoit, au début des opérations, un mandat comprenant la totalité des indemnités qui seront dues au sous-officier, brigadier ou caporal secrétaire auquel elles sont délivrées au jour le jour. Le président certifie au bas de l'itinéraire (modèle nº 1) la remise de ces indemnités à l'ayant droit.

Chevaux à emmener par les présidents des commissions.

Art. 19. Les officiers peuvent être autorisés à emmener un ou deux chevaux de trait pour les atteler à une voiture de louage; ils doivent avoir le plus grand soin de ces animaux sous peine d'engager leur responsabilité.

Les officiers qui profitent de cette autorisation peuvent emmener avec eux un cavalier pour être chargé du soin et de la garde de ces animaux.

Quand il s'agit d'officiers de l'armée active, les cavaliers et les animaux doivent toujours faire partie du corps auquel appartiennent ces officiers; les cavaliers et les chevaux à accorder aux officiers de réserve ou de l'armée territoriale seront pris dans le corps le plus voisin du lieu des opérations.

Ces cavaliers ont droit à une indemnité de 2 fr. 50 cent. par journée de déplacement, payable sur le crédit alloué à la région de corps d'armée au titre du recensement des chevaux (chapitre XLII). Cette indemnité est exclusive de toute autre prestation en deniers ou en nature. Le nom de ces cavaliers doit toujours figurer sur l'itinéraire (1).

---

(1) Ces cavaliers auront droit, en outre, au logement chez l'habitant.

Les officiers présidents des commissions leur délivrent, chaque jour, la somme nécessaire à leur subsistance, au moyen d'avances faites, comme il est dit plus haut, pour les sous-officiers, brigadiers ou caporaux secrétaires ; ils indiquent sur l'itinéraire (modèle nº 1) le nombre de journées de déplacement de ces militaires, et ils certifient qu'ils leur ont remis, ainsi qu'aux sous-officiers et brigadiers ou caporaux secrétaires, les sommes auxquelles ils ont droit.

Il sera pourvu à la nourriture des animaux emmenés par les officiers et vétérinaires au moyen de bons de fourrages qu'ils pourront faire établir dans chaque localité.

A cet effet, il sera fait application des dispositions contenues dans le cahier des charges et la circulaire du 12 septembre 1892, qui régissent les fournitures de fourrages, dispositions qui permettent aux parties prenantes voyageant isolément de percevoir, dans toutes les localités, des fourrages en nature au moyen de bons, qui sont ensuite régularisés par les officiers comptables désignés à cet effet, ou par les entrepreneurs dans les régions où ne fonctionne pas le nouveau système de fourniture de fourrages.

Quant au transport des chevaux de trait, du lieu de garnison au lieu qui sert de point de départ à l'itinéraire de chaque commission, il ne sera opéré par les voies ferrées qu'en cas d'urgence et avec l'autorisation du général commandant le corps d'armée. Dans ce cas, seulement, le transport sera effectué au compte de l'Etat.

Indemnités aux militaires de la gendarmerie et aux commandants
des dépôts de remonte.

Art. 20. En outre, il sera alloué aux militaires de la gendarmerie, pour tout le temps qu'ils prêteront leur concours aux commissions de classement, l'indemnité journalière exceptionnelle prévue par la circulaire ministérielle du 13 août 1879 (*Journal militaire officiel*, partie réglementaire, page 86). Cette indemnité servira aux gendarmes à pourvoir, pendant la durée de leur mission, à toutes leurs dépenses personnelles et de transport.

Les commandants des dépôts de remonte, chargés de contrôler les opérations du classement des chevaux et mulets, auront droit sur les fonds du chapitre XLII, comme les officiers présidents de commission, à l'indemnité de 10 francs pendant le cours de leur inspection, et seulement à l'indemnité de route, pour se rendre du dépôt de remonte au lieu d'opération de la première commission à inspecter, et pour retourner au dépôt.

Observation générale.

Art. 21. Aucune autre indemnité que celles prévues dans la présente instruction n'est due aux parties prenantes y désignées.

TITRE IV.

ITINÉRAIRE DES COMMISSIONS.

Établissement des itinéraires.

Art. 22. Dans les circonscriptions de commissions de classement déterminées conformément à l'article 4, les itinéraires des commissions sont établis de façon qu'il n'y ait aucune perte de temps.

Ils sont tracés de telle sorte que les opérations n'aient pas lieu les jours de grands marchés ou de foires.

Les commissions n'opéreront pas les dimanches et jours fériés.

Les itinéraires fixés sur ces bases par les généraux commandant les corps d'armée sont complétés, pour chaque commission, par l'indication des lieu, date et heure de réunion dans chaque commune.

Les membres des commissions doivent se conformer aux indications des itinéraires pour toute la durée des opérations.

Chaque itinéraire (modèle nº 1) me sera adressé le 15 avril en double expédition : une pour le Bureau des Remontes, la seconde pour le Bureau du Matériel de l'Artillerie et des Equipages militaires, avec les noms des officiers, vétérinaires et sous-officiers ou brigadiers désignés.

Notification des itinéraires.

Art. 23. Les itinéraires seront notifiés, le 15 avril au plus tard, aux préfets qui en informeront immédiatement les membres civils et les vétérinaires désignés pour faire partie des commissions.

Les membres militaires seront également avisés sans délai par l'autorité dont ils relèvent.

Publication dans les communes par affiches.

Art. 24. Les préfets feront publier dans les communes par voie d'affiche, indépendamment de toutes publications qui pourraient être faites sur la voie publique, un avis invitant les propriétaires à présenter leurs animaux et leurs voitures attelées, au jour, à l'heure et à l'endroit où doit avoir lieu l'opération.

Ces affiches devront être apposées trois jours au moins à l'avance et en aussi grand nombre que possible, non seulement à la porte de la mairie, mais encore dans chacun des groupes d'habitations les plus importants ou les plus éloignés du centre de la commune.

Elles indiqueront l'endroit exact où sera fait le classement ; dans les grandes villes, elles porteront l'heure et le jour auxquels les personnes de chaque quartier et de chaque rue doivent présenter leurs animaux et leurs voitures attelées.

Les convocations individuelles ne sont pas exigibles ; quand les municipalités jugeront à propos d'en établir, ces convocations seront à leur charge et sous leur responsabilité. Les officiers, sous-officiers et brigadiers ou caporaux ne doivent, dans aucun cas, être employés au travail de convocation des propriétaires.

La publication par affiche étant seule obligatoire, les affiches devront mentionner que le défaut de tout autre mode de publicité ne constitue pas une excuse pour les propriétaires qui ne présenteraient pas leurs animaux ou leurs voitures attelées (1).

Les maires reçoivent, par les soins des préfets et en nombre suffisant, les affiches nécessaires. Ils lui en accusent réception immédiatement.

Cas d'empêchement d'un membre de la commission.

Art. 25. En cas d'empêchement imprévu de l'un des membres ayant voix délibérative, au cours des opérations, il sera procédé comme il suit :

Le membre militaire étant momentanément indisponible, la commission continuera ses opérations sous la présidence du membre civil, si, d'ailleurs, elle comprend un vétérinaire militaire. Dans ce cas, ce dernier aura voix délibérative et le membre civil aura voix prépondérante.

Dans le cas déjà cité d'indisponibilité du membre titulaire, si la commission n'a pas de vétérinaire militaire, les opérations sont suspendues.

Le membre civil délégué dans chaque commune par le préfet est suppléé, en cas d'indisponibilité, par une autre personne désignée à l'avance dans la même localité par les soins de ce haut fonctionnaire.

Si le vétérinaire fait défaut, il est remplacé, comme il a été dit plus haut, par une personne compétente désignée à l'avance.

Dans tous les cas, le président de la commission rend compte immédiatement à l'autorité militaire et à l'autorité civile des faits qui auront motivé des modifications imprévues dans la composition de la commission, et provoque en même temps le remplacement aussi prompt que possible du membre devenu indisponible.

Cas d'empêchement de la réunion de la commission.

Art. 26. Dans le cas où, pour une cause quelconque, une commission ne pourrait opérer aux lieu, jour et heure indiqués par l'itinéraire, le président en préviendra immédiatement le maire de la commune et fixera, après en avoir référé au commandement, une nouvelle date de convocation à la fin de l'itinéraire

---

(1) Voir en outre aux dispositions diverses.

primitivement arrêté ; avis m'en sera donné immédiatement (Bureau des Remontes et Bureau du Matériel de l'Artillerie et des Équipages militaires) par le général commandant le corps d'armée.

TITRE V.

OPÉRATIONS DES COMMISSIONS.

Dispositions générales.

Art. 27. Quelques jours avant les opérations, les généraux commandant les corps d'armée sont autorisés à réunir les officiers présidents des commissions pour leur donner les instructions spéciales qui pourront leur paraître nécessaires.

Les officiers présidents des commissions, ainsi que les autres membres, ne devront pas perdre de vue qu'ils ont à remplir une mission délicate et importante, qui doit concilier autant que possible les intérêts de l'Etat et ceux des particuliers. Ils devront donc éviter avec le plus grand soin, au cours des opérations de classement, toute cause de conflit avec les propriétaires et y apporter une grande prudence et un langage mesuré, sans se départir d'ailleurs de la fermeté nécessaire.

Présence obligatoire, aux opérations de la commission, du maire et du secrétaire de la mairie.

Art. 28. Le maire de la commune ou son suppléant légal est tenu d'assister aux opérations et de fournir à la commission tous les renseignements qui lui sont demandés, et notamment les tableaux de classement (modèle n° 2) établis en 1889, 1891 et 1892, le tableau n° 2 *bis*, relatif au classement des voitures en 1884 et 1887, les registres de déclaration des chevaux (modèle A) (1) et les listes de recensement (modèle B) dressées pour 1889, 1890, 1891, 1892 et 1893, ainsi que les registres de recensement modèle n° 1 des voitures attelées, dressés pour 1887 et 1893.

Le secrétaire de la mairie doit être également présent aux opérations du classement et aider la commission dans toutes les recherches à faire sur les registres et listes dressés par les soins de la municipalité ; toutefois, il ne devra, dans aucun cas être, chargé d'un travail d'écritures, ce soin incombant exclusivement au secrétaire militaire.

---

(1) Le registre de déclaration et la liste de recensement pour 1893 sont mis au courant, par les soins du maire, pour tous les animaux qui n'y figureraient pas, soit parce qu'ils n'auraient pas été déclarés précédemment, soit parce qu'ils auraient été introduits dans la commune depuis le commencement de l'année, soit pour tout autre motif. Ces dispositions s'appliquent également aux inscriptions faites sur le registre de recensement des voitures attelées.

Des recommandations toutes spéciales devront être faites sur ce point aux présidents des commissions de classement.

Animaux à amener par les propriétaires.

Art. 29. Les propriétaires, prévenus à l'avance du passage des commissions, comme il est dit au titre IV, art. 24, § 3, doivent présenter, dans l'endroit désigné, aux jour et heure indiqués, tous les chevaux, juments, mulets et mules en leur possession, ayant atteint l'âge minimum fixé par la loi, compris ou non dans les classements antérieurs.

Tout cheval non attelé doit être présenté isolément, muni d'un licol ou d'un bridon.

Les chevaux attelés devront être dételés, si le président de la commission en reconnaît la nécessité pour l'examen particulier de ces animaux.

Les seuls animaux dispensés de la présentation sont :

1º Les juments en état de gestation constatée par des certificats de saillie appuyés de l'affirmation de deux témoins ou de la déclaration du maire, et les juments suitées d'un poulain ou notoirement reconnues comme consacrées à la reproduction (1). Cette dernière condition ne sera admise que sur le témoignage de deux propriétaires possédant des chevaux, juments, mulets ou mules compris dans le classement ;

2º Les animaux qui ont été réformés lors des classements antérieurs, en raison de tares, de mauvaise conformation, de vieillesse et d'usure ou de vices qui les rendent impropres au service de l'armée ;

3º Ceux qui ont été refusés conditionnellement ou ajournés pour défaut de taille, si la taille n'a pas été abaissée depuis le dernier classement. Ces animaux doivent, au contraire, être présentés dans les régions où l'abaissement de la taille a été prononcé depuis le dernier classement.

Tous les animaux réformés, refusés conditionnellement ou ajournés pour défaut de taille ont, d'ailleurs, été indiqués comme tels par les officiers présidents des commissions de classement ayant fonctionné antérieurement, sur les registres de déclaration ou listes de recensement du mois de janvier qui a précédé chacun de ces classements.

Les propriétaires qui présenteraient, en faisant sciemment de fausses déclarations, des animaux déjà refusés définitivement ou réformés antérieurement, aux lieu et place d'autres animaux aptes au service, pourront être déférés aux tribunaux, conformément à l'article 52 de la loi du 3 juillet 1877, et condamnés à une amende de 50 à 2,000 francs.

---

(1) Cette disposition ne s'applique qu'aux juments consacrées *spécialement* à la reproduction, à l'exclusion des juments de travail, lesquelles ne doivent être exemptées que si elles sont en état de gestation apparente ou suitées d'un poulain.

Le président de la commission peut, à cet effet, requérir la gendarmerie de dresser un procès-verbal qui reçoit la destination indiquée au titre VII ci-après.

Opérations du classement.

Art. 30. Avant de commencer les opérations, le président de la commission collationne avec soin la liste de recensement des animaux pour 1893 avec le registre de déclaration pour la même année.

Au moyen de cette liste qui a dû être établie par ordre alphabétique, il appelle successivement les propriétaires. Chacun d'eux présente sans interruption tous les animaux et voitures qui lui appartiennent.

Chaque animal est toisé, puis classé, s'il y a lieu, d'après sa taille ou sa conformation, dans l'une des catégories ci-après :

		Taille.
1re CATÉGORIE.	Cavalerie de réserve (cuirassiers)	1^m,54 et au-dessus.
2e —	Cavalerie de ligne (dragons)	1^m,50 à 1^m,54.
3e —	Cavalerie légère (chasseurs et hussards)	1^m,47 à 1^m,50.
4e —	Artillerie (selle)	1^m,48 à 1^m,54.
5e —	Artillerie (trait léger)	1^m,46 à 1^m,60.
6e —	Train (gros trait)	1^m,46 et au-dessus.
7e —	Mulets (de bât)	1^m,42 et au-dessus.
8e —	Mulets (trait léger)	1^m,42 et au-dessus.
9e —	Mulets (gros trait)	1^m,42 et au-dessus,

En Corse, exceptionnellement, le minimum de la taille fixée est de 1^m42 pour les chevaux et juments, et de 1^m,38 pour les mulets et mules.

Dans le département des Alpes-Maritimes, le minimum de taille des mulets et mules est abaissé à 1^m,40.

Le minimum de taille pour chaque catégorie est obligatoire ; au contraire, le maximum n'a rien d'absolu ; c'est-à-dire qu'un cheval dépassant le maximum d'une catégorie peut, néanmoins, y être classé, s'il ne présente pas la vigueur et la conformation nécessaires pour la catégorie supérieure.

L'officier président doit s'assurer par lui-même de l'intégrité des aplombs et des membres ; il se tient près du cheval lorsque le vétérinaire le toise ; il le fait marcher devant lui au pas ou au trot afin de pouvoir juger, non seulement quel est le classement qui lui convient, mais encore si le cheval est réellement capable de faire, dans l'armée, un assez bon service de guerre pour que son achat ne soit pas trop onéreux à l'Etat.

Les quatre premières catégories d'animaux reconnus aptes au service comprennent des chevaux d'officiers (ou de tête) et des chevaux de troupe. Les chevaux d'officiers doivent justifier cette qualification par leur distinction et leurs allures, et, autant que possible, être exempts de tares.

Les chevaux entiers ne peuvent être classés que dans la sixième catégorie. Les plus légers seront utilisés pour remonter les cadres des compagnies du train ayant à conduire des voitures de réquisition attelées de chevaux entiers.

Il n'est tenu aucun compte des robes pour le classement par catégories.

Les animaux classés ne font l'objet d'aucune estimation, leur classement devant servir de base au réglement des indemnités en cas de réquisition.

Dans les commissions désignées par le général commandant le corps d'armée, l'officier président relèvera les mesures indiquées ci-après sur un certain nombre d'animaux qui auront été classés dans les 5e, 6e, 8e et 9e catégories et qui représentent, dans chacune d'elles, les différents types qui s'y rencontrent le plus fréquemment, savoir :

Longueur de la tête prise d'une commissure des lèvres à l'autre en passant par-dessus la nuque en arrière des oreilles ;

Tour longitudinal du corps, pris à hauteur de la pointe de l'épaule et à 15 centimètres au-dessous de la pointe des fesses ;

Circonférence du corps au passage des sangles ;

Longueur du rein à la queue ;

Longueur d'un grasset à l'autre en passant au-dessus du rein.

Ces mesures, exprimées en centimètres, seront consignées dans les colonnes 5 à 10 d'un état conforme au modèle n° 17. Dans les colonnes 1, 2, 3, 4, on fera figurer, vis-à-vis des mesures prises, le pour 100 des animaux de la catégorie auxquels ces mesures doivent s'appliquer. Cet état sera établi en simple expédition par chaque commission et adressé, à la fin des opérations, à M. le général commandant le corps d'armée pour être remis à M. le général commandant l'artillerie auquel il est destiné.

Sont ajournés :

1° Les animaux qui n'atteignent pas le minimum de taille fixé. Les propriétaires de ces animaux sont tenus de les présenter au classement suivant, mais seulement dans le cas où la taille des animaux serait abaissée pour ce nouveau classement;

2° Les animaux reconnus momentanément impropres au service de l'armée pour des causes accidentelles. Ces derniers doivent, dans tous les cas, être présentés au classement suivant.

Sont définitivement réformés les animaux reconnus complètement impropres à tout service pour cause de vieillesse, d'usure ou de tares. (Les tares qui ne nuisent pas aux allures ne sont pas une cause d'exclusion.) Les propriétaires des animaux réformés sont dispensés pour l'avenir de les présenter de nouveau.

Les décisions de la commission sont indiquées séance tenante aux propriétaires, par le président de la commission, pour chaque animal classé, ajourné ou réformé; elles ne sont accompagnées d'aucun commentaire.

En ce qui concerne les animaux classés, le président fait

connaître au propriétaire la catégorie dans laquelle l'animal est inscrit.

Pour les animaux ajournés, il indique au propriétaire si c'est par défaut de taille ou pour manque d'état.

Enfin il invite les propriétaires d'animaux réformés à se faire délivrer, dans un délai qui ne doit pas dépasser un mois, par la mairie, conformément à l'article 85 du décret du 2 août 1877, un certificat (modèle n° 11) constatant la décision de la commission.

Il les informe, d'ailleurs, que ces animaux ne devront plus être présentés à l'avenir aux commissions de classement.

Le certificat de réforme ainsi obtenu est présenté, au recensement suivant, à la mairie du lieu où se trouve le cheval, avec une attestation par écrit de deux propriétaires ou patentables voisins ou d'un vétérinaire constatant que le cheval ou mulet réformé n'a pas été changé.

Voitures attelées.

Art. 31. Les opérations d'inspection et de classement des voitures attelées sont réglées par l'instruction spéciale annexée à la présente circulaire.

Établissement des tableaux de classement n°s 2 et 2 *bis*.

Art. 32. Les décisions de la commission sont consignées, tant sur les tableaux (modèles n°s 2 et 2 *bis*) que sur la liste de recensement (modèle B) de l'instruction du 21 septembre 1892, et le registre de recensement des voitures (modèle n° 1 de l'instruction du 19 du même mois) pour tous les animaux et toutes les voitures sans exception.

L'inscription de chaque animal définitivement admis se fait au fur et à mesure, en suivant l'ordre alphabétique des noms des propriétaires dans la catégorie correspondante dudit tableau n° 2.

Il est donné sur ce même tableau (colonne 1) un numéro d'ordre à chaque animal, lors même que plusieurs animaux appartiendraient au même propriétaire.

Les tableaux (modèles n°s 2 et 2 *bis*) doivent toujours être établis et signés, même s'ils sont négatifs, pour toutes les communes soumises au classement qui possèdent des animaux et des voitures d'après le recensement de 1893.

Les tableaux devront faire ressortir pour chaque commune, à la suite de la récapitulation, le nombre des animaux de chaque catégorie qui, inscrits en 1893 sur ces tableaux, figuraient déjà sur ceux du dernier classement opéré dans la commune.

Chacun des tableaux n°s 2 et 2 *bis* est dressé en deux expéditions. L'une d'elles est remise au maire, qui la joint à la liste de recensement des animaux ou au registre de recensement des voitures attelées; l'autre expédition est destinée au bureau de recrutement.

Lorsque, en raison de l'importance des ressources qu'elle présente, une même commune doit être partagée pour les opérations de la réquisition entre deux ou plusieurs commissions de réquisition, le général commandant le corps d'armée donne à ce sujet des instructions particulières aux présidents des commissions de classement, afin que les tableaux modèles nos 2 et 2 *bis* soient établis séparément pour chacune des commissions de réquisition, soit par ordre alphabétique, soit par arrondissement urbain, soit d'après toute autre méthode pour la présentation des animaux et voitures aux commissions de réquisition.

Dans ce cas, les relevés numériques nos 3 et 3 *bis*, 4 et 5 dont il est question ci-après, comportent, pour une même commune, autant de lignes qu'il est établi de tableaux nos 2 et 2 *bis*, en indiquant le quartier ou l'arrondissement urbain auquel chaque ligne s'applique.

Chaque tableau n° 2 est terminé par un total général des animaux classés à la suite duquel le président de la commission doit indiquer par catégories le nombre d'animaux classés en 1893 figurant déjà au précédent classement.

En outre, l'officier président de la commission inscrit sur la liste (modèle B) du dernier recensement, en regard de chacun des animaux, dans la colonne à ce destinée (n° 14), l'une des mentions suivantes, savoir :

« Classé, ajourné pour taille ou momentanément impropre au service, réformé, exempté, non présenté, changé de propriétaire, mort. »

A la suite de chaque mention, et pour y donner un caractère authentique, l'officier président apposera son parafe, après avoir rayé, bien entendu, les renseignements primitifs qui seraient en contradiction avec la décision de la commission.

Il rectifie, en outre, et complète, s'il y a lieu, le signalement de ces animaux sur ladite liste (modèle B).

Immédiatement après la dernière inscription, le président fera apposer la mention ci-après, qu'il revêtira de sa signature :

Certifié véritable :

A   , le   1893.

Le Président de la e Commission du e corps d'armée,

(Signature, grade et corps.)

Le nouveau tableau (modèle n° 2) est remis au maire, en même temps que les diverses pièces et les registres qu'il avait communiqués au président de la commission.

Les officiers présidents complètent, au besoin, séance tenante, les listes de recensement qui présenteraient des lacunes ; ils inscrivent et classent d'office tout animal qui leur paraîtrait avoir été omis à tort sur cette liste ; ils vérifient les cas d'exemption.

Art. 33. A la fin de ses opérations, chaque commission établit pour le bureau de recrutement du ressort :

1° Un relevé numérique (modèle n° 3) des animaux aptes au service de l'armée existant dans chaque commune ; ce relevé fera ressortir au-dessous du total général, dans chaque colonne, le renseignement relatif aux animaux déjà classés au dernier classement ;

2° Un relevé numérique par commune (modèle n° 3 *bis*) des voitures aptes au service de l'armée ;

3° Un relevé numérique (modèle n° 4) des animaux ajournés comme n'atteignant pas le minimum de la taille fixée, ou paraissant momentanément impropres au service de l'armée pour des causes diverses ;

4° Un relevé numérique (modèle n° 5) des animaux réformés ou exemptés.

Chacun de ces relevés doit indiquer nominativement toutes les communes de la circonscription soumises au classement, même celles où il n'existe pas d'animaux ou de voitures susceptibles d'y être portés.

Le relevé n° 3, ainsi que celui des animaux ajournés (modèle n° 4) et des animaux réformés ou exemptés (modèle n° 5), est transmis sans délai au bureau de recrutement du ressort avec les tableaux (modèle n° 2).

Les animaux qui n'ont pas été présentés au classement ne seront pas compris dans les résultats numériques par catégories portés sur l'état modèle n° 3 ; mais, à titre de renseignement, on en indiquera le chiffre total séparément par un renvoi placé à la fin dudit état et ainsi formulé :

« En outre,   animaux n'ont pas été présentés par leurs propriétaires, contre lesquels des procès-verbaux ont été dressés. »

Art. 34. Le commandant du bureau de recrutement établira pour sa subdivision :

A. — A l'aide des relevés numériques (modèle n° 3), un état (modèle n° 14) indiquant par commission le nombre des animaux par catégorie. Des colonnes spéciales feront ressortir le nombre des animaux de toute catégorie compris dans le dernier classement et déjà classés antérieurement, et le nombre des animaux classés pour la première fois.

B. — A l'aide des relevés numériques (modèle n° 4), un état récapitulatif (modèle n° 15) des animaux ajournés, par catégorie.

C. — A l'aide des relevés numériques (modèle n° 5), un état

récapitulatif (modèle n° 16) des animaux réformés ou exemptés, par catégorie.

Chaque état indiquera, dans la première colonne, le numéro de chaque commission de classement.

Ces trois états, qui seront établis à la main, me seront adressés (Bureau des Remontes), par les commandants de corps d'armée à la date du 1er juillet 1893.

Le relevé modèle n° 3 *bis* me sera adressé directement sous le timbre de la 3e direction (Bureau du Matériel de l'Artillerie et des équipages militaires.

TITRE VI.

ANIMAUX ET VOITURES ATTELÉES EN DEHORS DE LA RÉSIDENCE HABITUELLE DES PROPRIÉTAIRES AU MOMENT DU CLASSEMENT.

Art. 35. Les propriétaires dont les animaux et les voitures attelées sont inscrits sur les listes de recensement de communes non soumises au classement en 1893, et qui se trouveraient avoir momentanément ces animaux et voitures sur le territoire d'une commune soumise au classement, n'auront pas à présenter leurs animaux et leurs voitures au moment où la commission passera dans cette dernière commune.

En ce qui concerne les propriétaires dont les animaux et voitures sont inscrits sur les listes de recensement de communes soumises au classement en 1893 et qui se trouveraient avoir leurs animaux et leurs voitures dans une autre commune au moment des opérations des commissions, il pourra se produire les deux cas suivants :

a) La commune où se trouvent ces animaux et voitures est soumise au classement en 1893 ;

b) La commune où se trouvent ces animaux et voitures n'est pas soumise au classement en 1893.

a) Les animaux et voitures absents de la commune où ils ont été recensés au moment des opérations du classement se trouvent dans une autre commune soumise elle-même au classement.

Après l'inspection des animaux et voitures attelées de la commune, la commission examine tous les animaux et voitures qui lui sont amenés par les propriétaires habitant d'autres communes soumises au classement, et qui, pour un motif quelconque, ne peuvent les présenter dans la localité de leur résidence habituelle.

A la suite de cet examen, il est établi deux pièces :

1° Un procès-verbal (modèle n° 6 ou 6 *bis*);

2° Un certificat (modèle n° 7 ou 7 *bis*) qui est remis au propriétaire des animaux.

Le procès-verbal modèle n° 6 ou 6 *bis* est dressé séparément pour chacune des communes auxquelles appartiennent réellement les animaux et voitures. Il est envoyé le jour même (1) au commandant de la brigade de gendarmerie dans le ressort de laquelle se trouve cette commune. Le président de la commission est autorisé à expédier ce procès-verbal en franchise et sous bandes, par la poste, dans tout le territoire de la République et pendant toute la durée des opérations.

Si le classement n'a pas encore été fait dans la commune à laquelle appartiennent les animaux et voitures, le commandant de la brigade de gendarmerie fait remettre cette pièce au président de la commission le jour où elle opère dans la localité; la commission en tient compte dans son travail.

Si le classement a eu lieu, les commandants des bureaux de recrutement auront à établir, à l'aide des imprimés modèle nos 3 et 3 *bis*, des relevés numériques par commune et par commission de classement, des procès-verbaux nos 6 et 6 *bis* qui sont parvenus trop tard pour être compris sur les tableaux de classement nos 2 et 2 *bis*.

Ces relevés recevront les mêmes destinations que les relevés os 3 et 3 *bis*.

Dans le cas où le classement a déjà eu lieu dans la commune à laquelle appartiennent les animaux et les voitures et si un procès-verbal de non-comparution a été établi contre le propriétaire, le commandant de la brigade de gendarmerie adresse un procès-verbal (modèle no 10) au procureur de la République, afin que ce magistrat puisse arrêter les poursuites contre les propriétaires qui ont fait examiner leurs chevaux ou leurs voitures en dehors de leurs communes.

Les pièces nos 6 et 6 *bis* sont adressées, par les soins du même commandant de brigade, au commandant du bureau de recrutement du ressort, qui les joint aux tableaux nos 2 et 2 *bis* de la commune correspondante et en transmet une copie certifiée au maire de ladite commune.

La copie du procès-verbal no 6 sera mise à l'appui de la liste de recensement (modèle B), ou, si l'animal a été classé apte au service, à l'appui du tableau de classement no 2 restant dans la commune.

Il en sera de même de la copie du procès-verbal no 6 *bis*, qui sera, suivant le cas, mise par le maire à l'appui du registre de recensement modèle no 1 des voitures ou du tableau de classement no 2 *bis*.

b) La commune où se trouvent momentanément les animaux et voitures absents de celle où ils ont été recensés et où a lieu le classement n'est pas elle-même soumise au classement.

Les animaux et voitures qui se trouveront dans cette situation

---

(1) Cette recommandation doit être suivie strictement.

seront exemptés des formalités du classement, mais les propriétaires devront se procurer un certificat délivré par le maire de la commune où se trouvent leurs animaux et voitures et attestant que ces animaux et voitures étaient bien présents dans cette commune le jour où a eu lieu le classement dans la commune de leur résidence habituelle.

Cette attestation est adressée par le propriétaire lui-même au commandant de la brigade de gendarmerie de laquelle dépend la commune où les animaux et voitures ont été recensés et où a lieu le classement. Si un procès-verbal de non-comparution a été dressé, le commandant de la brigade adresse un procès-verbal (modèle n° 10) au procureur de la République, afin que ce magistrat puisse arrêter les poursuites.

TITRE VII.

MESURES A PRENDRE CONTRE LES PROPRIÉTAIRES QUI N'AMÈNENT PAS LEURS ANIMAUX ET LEURS VOITURES ATTELÉES OU QUI NE LES ONT PAS DÉCLARÉS POUR LE RECENSEMENT.

Art. 36. Les propriétaires de chevaux, juments, mulets, mules et de voitures attelées qui ne se conforment pas aux dispositions du titre VIII de la loi du 3 juillet 1877, peuvent être déférés aux tribunaux et sont passibles d'une amende de 25 francs à 1000 francs (art. 52).

A cet effet, le président de la commission, après avoir constaté l'absence des animaux ou des voitures au moment de l'appel, aux lieu, date et heure indiqués, comme il est dit au titre IV, et avoir appelé de nouveau les manquants à la fin de chaque séance, établit, quand il y a lieu, une déclaration (modèle n° 8) et requiert la gendarmerie de dresser un procès-verbal collectif de non-comparution. Ce procès-verbal sera transmis le jour même par la gendarmerie au procureur de la République, chargé d'assurer l'application de la loi.

Les propriétaires non comparants qui justifient d'un des cas d'exemption prévus par l'article 40 de la loi du 3 juillet 1877, complété par les décrets des 9 avril 1878, 25 février 1879, 27 octobre 1883, 7 février 1887, 23 novembre 1888, 22 juin et 30 août 1891, 4 juillet et 21 août 1892 et 4 février 1893, et la circulaire ministérielle du 9 octobre 1888 (état A ci-joint), et ceux pour lesquels il est prouvé que leurs animaux et leurs voitures ont été vus par une commission opérant dans une autre commune, ou qu'ils ont été vendus ou cédés avant le jour fixé pour la présentation devant la commission, ou bien encore qui ont produit le certificat visé au paragraphe *b* de l'article 35 de la présente instruction, ne doivent pas être l'objet de poursuites.

A défaut de preuves suffisantes, la gendarmerie fait les

recherches nécessaires, et, qu'une excuse ait été ou non énoncée, établit un procès-verbal individuel, qu'elle adresse, comme il est fait pour le procès-verbal collectif, à M. le procureur de la République.

D'autre part, l'article 37 de la loi précitée ayant rendu obligatoire pour les propriétaires la déclaration, à la mairie, de leurs chevaux et mulets ayant l'âge légal et des voitures attelées susceptibles d'être requises, le président de la commission établit, toutes les fois qu'il reconnaît que cette déclaration n'a pas été faite, une pièce modèle n° 9.

Il requiert en même temps la gendarmerie de dresser contre tous les délinquants un procès-verbal individuel, qui reçoit la même destination que les précédents. Cette pièce indiquera, à titre de renseignements, les motifs d'excuse qui pourront être donnés par les intéressés.

Il est établi un procès-verbal différent pour chaque espèce de délit, lors même qu'il s'agit du même propriétaire.

Pour les uns et les autres procès-verbaux, la gendarmerie se conformera aux dispositions du décret du 1er mars 1854.

Tous les animaux et voitures attelées susceptibles d'être requis qui n'ont pas été recensés ou présentés au classement, qu'une amende ait été prononcée ou non, tomberont, en cas de mobilisation, sous l'application des dispositions de l'article 45 (§ 1, 4°) de la loi du 3 juillet 1877.

Ils ne seront pas compris dans les résultats numériques par catégories portés sur l'état (modèles nos 3 et 3 *bis*); ou en indiquera seulement, par un renvoi et séparément, le chiffre total à la fin dudit état, à titre de renseignement.

TITRE VIII.

RESPONSABILITÉ DES MAIRES.

Art. 37. Je crois utile de rappeler qu'aux termes de l'article 52 précité de la loi du 3 juillet 1877, les maires qui ne se conforment pas aux dispositions du titre VIII de cette loi sont passibles des mêmes amendes que les propriétaires de chevaux et de voitures attelées.

DISPOSITIONS DIVERSES.

Art. 38. Je recommande tout particulièrement à MM. les préfets de ne pas omettre de faire indiquer, dans les affiches qui doivent être publiées en aussi grand nombre que possible, dans chaque commune soumise cette année au classement, les pénalités auxquelles s'exposeraient les propriétaires qui n'amèneraient pas leurs chevaux, juments, mulets, mules ou voitures aux commissions de classement, ou qui feraient de fausses déclarations.

Ils signaleront, dans une circulaire particulière adressée aux maires et insérée au *Recueil des actes administratifs* la responsabilité qui leur incombe, et les conséquences qui peuvent résulter pour eux de la non-exécution des devoirs que la loi leur impose (art. 52).

Ils rappelleront également dans cette circulaire que les membres militaires des commissions de classement, ainsi que les cavaliers qui les accompagnent ont droit, dans chaque localité, au logement chez l'habitant.

Les frais d'affiche que nécessitera le classement des animaux et des voitures seront payés sur les fonds du chapitre XLII du budget. Les factures et pièces y relatives seront transmises directement par MM. les préfets aux fonctionnaires de l'intendance chargés d'en mandater le montant (1).

Les frais des insertions que les préfets feront au *Recueil des actes administratifs* seront payés par leurs soins sur les fonds spéciaux d'abonnement des préfectures, conformément aux dispositions de l'ordonnance royale du 15 mai 1822. Ils ne devront donc pas figurer sur les factures d'impression à adresser par les préfets aux intendants militaires.

Les factures dépassant 1500 francs devront être appuyées du marché passé avec le fournisseur.

J'enverrai, sous peu de jours, directement aux généraux commandant les corps d'armée le nombre d'imprimés nécessaires (modèle n° 1) pour l'établissement des itinéraires ; les imprimés restant de l'année 1892 pourront être utilisés en 1893.

Il sera attribué deux exemplaires de la présente circulaire à chaque commission de classement.

Un nombre suffisant d'exemplaires de cette circulaire et des états modèles n°s 2 et 2 *bis*, 3 et 3 *bis*, 4, 5, 6 et 6 *bis*, 7 et 7 *bis*, 8, 9, 12, 13 et 17 sera fourni par l'administration centrale (Bureau des Remontes), aux bureaux de recrutement, qui les répartiront, selon les besoins, entre les commissions de leur ressort. Ceux de ces imprimés, qui ont été envoyés pour le classement en 1892 aux bureaux de recrutement, et qui n'auraient pas été employés, serviront pour le classement de 1893. Ces bureaux rendront compte (Bureau dés Remontes), par le retour du courrier, du nombre de ces imprimés, feuilles de tête et intercalaires, qu'ils possèdent.

Il en sera de même des anciens imprimés (modèle n° 10) fournis par l'administration centrale aux brigades de gendarmerie pour le dernier classement ; un état numérique des imprimés restants me sera transmis sans retard, par les chefs de la légion de gendarmerie, afin que l'envoi du supplément nécessaire puisse être fait en temps opportun.

Les bureaux de recrutement fourniront, d'ailleurs, à chaque

---

(1) Toutes les impressions concernant le département de la Seine devront être faites par l'Imprimerie nationale conformément au décret du 28 août 1889.

président de commission, pour mesurer la taille des animaux, une des toises dont l'acquisition a été prescrite antérieurement. Les réparations dont elles pourraient avoir besoin seront payées sur le crédit alloué à la région de corps d'armée au titre du chapitre XLII du budget.

Les certificats de réforme (modèle n° 11) seront envoyés par mes soins aux préfets, qui devront les répartir entre tous les maires, d'après les besoins probables ; tous ceux restant encore de l'année 1892 ou des années précédentes devront être détruits.

Examen du matériel déposé dans les brigades de gendarmerie pour servir
à la réquisition des chevaux et des voitures attelées.

Art. 39. Aux termes de l'instruction du 1er août 1879, relative à la réquisition des chevaux et des voitures attelées, en cas de mobilisation de l'armée (art. 33), le matériel ci-après doit, dès le temps de paix, être déposé dans toutes les brigades de gendarmerie des lieux de réquisition, autres que ceux qui sont la résidence des bureaux de recrutement, savoir :

1° Une toise pour vérifier la taille des animaux ;

2° Un jeu de dix chiffres arabes et la lettre indicative du corps d'armée pour la marque au fer chaud ;

3° Des boules numérotées à l'encre en chiffres arabes et renfermées dans un sac de toile pour le tirage au sort des animaux.

En outre, il existe dans les lieux de réquisition un matériel de perches, planchettes, préparé pour l'exécution des opérations de la réquisition.

Les officiers présidents des commissions de classement devront s'assurer si, dans l'étendue de leur circonscription, ce matériel existe réellement et s'il est en bon état ; ils devront, notamment, manier la toise. Ils feront connaître, dans un rapport spécial qui me sera adressé (Bureau des Remontes) par l'intermédiaire du commandement, les résultats de cette vérification. Ce rapport sera produit par tous les présidents de commission dans la forme prescrite par le modèle n° 13 ci-joint.

MM. les généraux commandant les corps d'armée feront connaître à l'avance, à chaque officier président, chacune des localités où doit se trouver le matériel à examiner et la composition de ce matériel.

Il appartiendra à ces officiers généraux de réformer le matériel de réquisition (boules, marques, etc.) et de prescrire les réparations nécessaires.

Rapport d'ensemble à établir par chaque général commandant de corps d'armée.

Art. 40. Un rapport spécial, résumant les diverses observations auxquelles auront pu donner lieu les travaux des commissions qui opéreront le classement des animaux et des voitures attelées, sera établi par chaque général commandant de corps d'armée et me sera adressé, au plus tard, le 10 juillet (Bureau des Remontes).

Ces rapports ne devront d'ailleurs contenir aucune proposition contraire aux dispositions de la loi du 3 juillet 1877 et du décret du 2 août suivant.

Examen des chevaux et mulets atteints ou suspects de morve.

Art. 41. Sur la demande de M. le Ministre de l'agriculture, j'ai décidé que, toutes les fois que le vétérinaire attaché à une commission de classement constatera des cas de morve sur les animaux présentés, le président en rendra immédiatement compte au préfet de police en ce qui concerne le département de la Seine, ou au sous-préfet de l'arrondissement pour tous les autres départements, au Ministre de l'Agriculture (Service vétérinaire) et au Ministre de la guerre (Bureau des Remontes).

A cet effet, le président dressera, quand il y aura lieu, à la fin de chaque séance, un état (modèle n° 12) en triple expédition, par commune, portant le signalement des animaux reconnus atteints ou suspects de morve, et l'indication des principaux symptômes de la maladie, avec les noms et prénoms des propriétaires et leurs domiciles.

L'exemplaire destiné à l'administration préfectorale sera envoyé le jour même, sous bande, par le commandant de la brigade de gendarmerie dans le ressort de laquelle opère la commission. Les deux autres exemplaires, destinés au Ministre de l'agriculture et au Ministre de la guerre, leur seront transmis directement le même jour.

Les imprimés nécessaires seront fournis par l'administration centrale (Bureau des Remontes) et distribués aux présidents de commissions, par les soins des bureaux de recrutement, en même temps que les autres imprimés.

Observations.

Art. 42. Je ne saurais trop recommander que chacun assure, en ce qui le concerne, la stricte et ponctuelle exécution des diverses dispositions contenues dans la présente instruction, à laquelle j'attache la plus grande importance.

Quant aux mesures à prendre à la suite du classement pour la répartition des animaux en cas de mobilisation, des instructions seront données comme précédemment aux commandants des corps d'armée sous le timbre de l'état-major de l'armée (1er Bureau).

Signé : Gal LOIZILLON.

INSTRUCTION SPÉCIALE

DU 16 MARS 1893

pour l'inspection et le classement, en 1893, des voitures attelées susceptibles d'être requises.

————◦◦◦————

ANNEXE.

Loi du 3 juillet 1877. — Décrets des 2 août 1877, 9 avril 1878, 25 février 1879, 27 octobre 1883 et 7 février 1887, 23 novembre 1888, 22 juin et 30 août 1891, 4 juillet et 21 août 1892 et 4 février 1893. — Instruction ministérielle du 16 mars 1893.)

La commission mixte de classement inspecte toutes les voitures qui ne sont pas exclusivement affectées au transport des personnes et pour lesquelles l'attelage nécessaire est fourni par le propriétaire même de la voiture.

Il n'y a pas lieu à inspection ni, par suite, à classement :

1° Pour les voitures attelées de plus de 2 chevaux ;

2° Pour les voitures qui ne peuvent être présentées attelées avec 1 ou 2 animaux (chevaux, juments, mulets ou mules) appartenant au propriétaire de la voiture ;

3° Pour les voitures dont les attelages sont composés d'animaux non classés par la commission lors du dernier classement ;

4° Pour les voitures rentrant dans les cas d'exemption prévus au tableau modèle A de la circulaire ministérielle du 16 mars 1893.

Les opérations d'inspection et de classement des voitures sont faites, dans chaque commune, au même lieu et à la même époque que celles relatives aux chevaux, juments, mulets ou mules.

Chaque propriétaire, à l'appel de son nom fait à l'aide de la liste de recensement des chevaux, présente sans interruption tous les animaux et voitures qui lui appartiennent ; les voitures sont présentées attelées.

Une inspection très sommaire, qui se fera le plus souvent d'un seul coup d'œil, permettra à la commission de classement d'éliminer immédiatement les voitures qui ne paraîtraient pas susceptibles d'être employées à un des services de l'armée et qui ne devront pas être classées.

D'une manière générale, on pourra considérer comme de nature à être utilement employées à l'armée, les voitures en bon état, présentant une grande capacité et pouvant transporter un chargement d'un poids élevé.

Dans ces conditions et par ordre de préférence, les voitures peuvent être rangées ainsi qu'il suit :

Voitures à 4 roues et à 2 chevaux.... {de front. / en flèche.}

Voitures à 2 roues et à 2 chevaux.... {de front. / en flèche.}

Voitures à 4 roues et à 1 cheval.

Voitures à 2 roues et à 1 cheval.

Les ressources totales du territoire, en voitures susceptibles d'être requises, sont très supérieures aux besoins généraux de la mobilisation ; quoique ces ressources ne soient pas toujours réparties de la façon la plus convenable, on devra tenir compte, dans une certaine mesure, de ces dispositions pour éliminer les voitures qui ne paraîtraient pas d'une manière certaine pouvoir être avantageusement employées en campagne. Il convient, en effet, de noter qu'en cas de mobilisation la réquisition des voitures devant s'effectuer dans l'ordre indiqué par le tirage au sort dont il sera question plus loin, il pourrait arriver qu'une voiture médiocre classée devrait être requise à l'exclusion d'une voiture d'un emploi préférable, dont le numéro de tirage serait plus élevé.

Il importe d'éviter, autant que possible, l'inconvénient signalé, et à cet effet, on devra rejeter du classement les voitures qui, par leur forme, leur mode de construction, leur poids, leur état de conservation (y compris les harnais), ne sembleraient pas susceptibles de faire immédiatement un bon service de guerre.

Toutes les voitures admises au classement seront portées sur le tableau n° 2 *bis*.

Une ligne horizontale sera réservée pour chaque voiture ; on réunira sous une même accolade les voitures appartenant à un propriétaire unique. Suivant l'espèce de la voiture considérée, on marquera une unité dans une des colonnes n°ˢ 4, 5, 6 ou 7. En regard de cette unité et sur la même ligne horizontale devra être inscrit le signalement complémentaire de la voiture.

Ce signalement complémentaire comprendra les indications ci-après :

Colonne n° 8. La capacité de la voiture sera indiquée dans cette colonne par l'une des trois mentions suivantes : petite, moyenne ou grande.

Afin d'établir à cet égard des termes de comparaison, la capacité d'une voiture sera qualifiée : petite, lorsqu'elle se rapprochera de la capacité d'une voiture régimentaire ; moyenne, lorsqu'elle se rapprochera de la capacité d'un fourgon ; grande, lorsqu'elle sera égale ou supérieure à la capacité d'un chariot-fourragère.

Colonne n° 9. Si la voiture est suspendue, on mettra une unité dans la colonne 9, sinon on mettra des guillemets.

Colonnes n⁰ˢ 10 et 11. Même observation pour les indications à porter dans les colonnes 10 et 11 et qui sont destinées à faire connaître si la voiture est couverte et si elle est munie d'un système d'enrayage.

Colonne n⁰ 12. On inscrira dans cette colonne le classement qui sera donné par la commission et qui devra indiquer l'état de conservation de l'ensemble de la voiture et des harnais. Les voitures admises devant toutes être susceptibles d'être utilisées sans aucun retard, en cas de besoin, on n'admettra que les deux classements suivants : passable, bon.

Dans les colonnes 13 et 14, on inscrira les renseignements de nature à déterminer l'attelage correspondant à la voiture classée. Ces renseignements, fournis par le tableau ou procès-verbal n⁰ 2, seront, pour un attelage à 1 cheval, le numéro de la catégorie et le numéro d'ordre dans cette catégorie; pour un attelage à 2 chevaux, le ou les numéros de catégorie ainsi que les numéros d'ordre. Dans ce dernier cas, ces indications multiples seront réunies par une accolade correspondant à la ligne horizontale affectée à l'inscription de la voiture.

Dans la colonne 16, pour les voitures à 2 chevaux, on fera figurer une des mentions suivantes : « de front » ou « en flèche », destinée à faire connaître comment sont attelés les 2 chevaux de la voiture.

Après que toutes les voitures auront été présentées, il sera procédé séance tenante à un tirage au sort ayant pour but de donner un numéro d'ordre à chacune des voitures classées.

Pour procéder à ce tirage, il suffira de prendre un nombre de bulletins égal à celui des voitures classées, chacun de ces bulletins ayant reçu un des nombres de la suite naturelle, depuis 1 jusqu'au nombre total des voitures classées.

Ces bulletins seront tirés un à un, par un membre de la commission ou par toute autre personne admise par le président.

Les numéros sortants sont inscrits dans la colonne 15, en suivant l'ordre dans lequel ils seront appelés, et successivement en regard des diverses voitures, de telle sorte que le premier numéro sortant soit affecté à la première voiture classée, le deuxième numéro sortant à la deuxième voiture, et ainsi de suite jusqu'à la fin.

Le tableau n⁰ 2 *bis* est terminé par une récapitulation numérique des voitures classées; il est signé par les membres de la commission et visé par le maire de la commune ou son représentant légal.

Ce tableau, même néant, est dressé en double expédition : l'une des expéditions est remise au maire qui la joint au registre de recensement des voitures attelées de la commune; l'autre expédition est conservée provisoirement par le président de la commission pour servir, ainsi qu'il est dit plus loin, à l'établissement du relevé numérique modèle n⁰ 3 *bis*.

Au moment de l'examen des voitures attelées, le registre de recensement des voitures de la commune est présenté par le maire. Après le classement donné aux voitures, le président de la commission rectifie, s'il y lieu, et complète les indications qui figurent sur ce registre, notamment en ce qui concerne les colonnes 9 et 15, dans lesquelles on doit inscrire le précédent classement de la voiture considérée et de l'attelage correspondant.

Dans la colonne 15, on portera à la fois le numéro de la catégorie et le numéro d'ordre de l'attelage.

Après la dernière inscription, le président de la commission fera apposer sur le registre de recensement des voitures la mention suivante qu'il revêtira de sa signature :

Certifié véritable,

A   , le   189.

Le Président de la   ᵉ commission
du   ᵉ corps d'armée.

(Signature, grade et corps.)

Après l'inspection et le classement des voitures attelées de chaque commune, la commission examine les voitures qui lui sont amenées par des propriétaires habitant d'autres communes et qui, pour un motif quelconque, ne peuvent les présenter dans la localité de leur résidence habituelle ou à la commission de leur circonscription dans les grandes villes.

Le président de la commission se conforme, pour les mesures à prendre au sujet de ces dernières voitures, aux dispositions énoncées à l'article 35 de l'instruction pour le classement, en 1893, des chevaux, juments, mulets et mules et des voitures attetées susceptibles d'être requis pour le service de l'armée.

Les propriétaires qui ne présentent pas leurs voitures peuvent être déférés aux tribunaux et sont passibles d'une amende de 25 à 1000 francs. Il y a lieu de se reporter, pour les mesures à prendre contre les délinquants, aux dispositions prescrites par l'article 36 de l'instruction pour le classement, en 1893, des chevaux, juments, mulets et mules et des voitures attelées susceptibles d'être requis pour le service de l'armée.

Après avoir terminé les opérations d'inspection et de classement pour toutes les communes de son ressort, le président de la commission établit un relevé numérique, modèle n° 3 *bis*, d'après les indications portées sur les tableaux n° 2 *bis*.

Sur le relevé modèle n° 3 *bis*, une ligne horizontale sera affectée à chaque commune.

Les voitures qui n'ont pu être présentées et admises au classement ne seront pas comprises sur ce relevé, à l'exception toutefois de celles qui auront été classées par des commissions voisines et pour lesquelles, ainsi qu'il a été dit plus haut, les procès-verbaux nº 6 *bis* qui auront été dressés seront parvenus en temps utile à la commission intéressée.

On indiquera, dans le renvoi placé au bas du relevé nº 3 *bis*, le nombre total des voitures non présentées à la commission et qui ne figureraient pas sur un des procès-verbaux modèle nº 6 *bis*.

Enfin, dans les deux dernières colonnes du relevé nº 3 *bis*, le président de la commission inscrira le prix moyen approximatif, par commune, d'une voiture à deux roues et d'une voiture à quatre roues.

Ces chiffres seront donnés uniquement à titre de renseignement et ne sauraient évidemment être considérés comme correspondant à la valeur réelle d'une voiture déterminée ; ils permettront toutefois de se rendre compte d'une manière approchée des dépenses qu'entraînerait une mobilisation dans certaines régions.

Le relevé modèle nº 3 *bis* est établi en double expédition : l'une des expéditions est destinée au bureau du recrutement du ressort ; l'autre devra être adressée directement au ministère, sous le timbre du Bureau du matériel de l'artillerie et des équipages militaires.

Les imprimés spéciaux (modèle nº 2 *bis*, 3 *bis*, 6 *bis* et 7 *bis*), nécessaires pour les opérations d'inspection et de classement des voitures attelées, ainsi qu'un nombre suffisant d'exemplaires de la présente instruction, seront fournis par l'administration centrale (Bureau des remontes) aux commandants des bureaux de recrutement, qui auront à les répartir entre les diverses commissions de leur ressort.

Instruction ministérielle
du 16 mars 1893.

TABLEAU

ÉTAT A.

des exemptions prévues par les articles 40 et 42 de la loi du 3 juillet 1877, relative aux réquisitions militaires en ce qui concerne les chevaux, juments, mulets et mules, et les voitures attelées, en cas de mobilisation de l'armée.

Ces exemptions comprennent, en dehors des animaux reconnus impropres au service de l'armée et des voitures attelées non susceptibles d'être requises :

1° Les chevaux appartenant au Chef de l'Etat;

2° Les chevaux et voitures dont les fonctionnaires et les établissements publics désignés au tableau ci-après (décrets des 9 avril 1878, 25 février 1879, 27 octobre 1883, 7 février 1887, 23 novembre 1888, 22 juin et 30 août 1891, 4 juillet et 21 août 1892 et 4 février 1893 sont tenus d'être pourvus pour le service de l'Etat;

3° Les chevaux entiers approuvés ou autorisés pour la reproduction, sauf justification par pièces régulières;

4° Les juments en état de gestation constatée par des certificats de saillie appuyés de l'affirmation de deux témoins ou de la déclaration du maire, et les juments suitées d'un poulain, ou notoirement reconnues comme consacrées à la reproduction (cette dernière condition ne sera admise que sur le témoignage de deux propriétaires possédant des chevaux, juments, mulets ou mules compris dans le classement) (1);

5° Les chevaux et juments n'ayant pas atteint l'âge de six ans, les mulets et les mules au-dessous de quatre ans (la déclaration faite par les propriétaires au moment du recensement, concernant l'âge des animaux, fait foi, sauf la responsabilité prévue par l'article 52 de la loi du 3 juillet 1877);

6° Les chevaux et voitures de l'administration des postes ou ceux qu'elle entretient pour son service par des contrats particuliers dont il sera justifié. D'après des dispositions concertées avec l'administration des postes et des télégraphes (circulaire ministérielle du 21 octobre 1880), un état indiquant les renseignements ci-après est remis par les soins des commandants de corps d'armée à chaque président de commission, savoir :

A. — Les noms des entrepreneurs du service du transport des dépêches à pied ou à cheval;

B. — Les localités où sont installés les écuries ou relais de l'entreprise, le nombre de chevaux affectés dans chaque localité au service des dépêches et le nom du propriétaire de ces chevaux:

7° Les chevaux et voitures attelées affectés au transport du matériel nécessité par l'exploitation des chemins de fer;

8° Les chevaux, juments, mulets et mules et voitures attelées appartenant aux agents diplomatiques des puissances étrangères (art. 75, 6°, du décret du 2 août 1877);

(Ces animaux et voitures ne doivent figurer ni sur le registre de déclaration, ni sur la liste de recensement);

9° Les chevaux, juments, mulets et mules et voitures attelées qui sont la propriété des étrangers résidant en France, et appartenant aux pays désignés ci-après, en faveur desquels l'exemption de toute réquisition militaire a été stipulée par des conventions spéciales, savoir :

Allemagne, République Argentine, Brésil, Chili, République Dominicaine, Equateur, Espagne, Grande-Bretagne, Haïti, Honduras, Mexique, Russie, Sandwich, République sud-africaine, Suisse.

---

(1) Il doit être entendu que cette disposition ne s'applique qu'aux juments consacrées spécialement à la reproduction, à l'exclusion des juments de travail, lesquelles ne doivent être exemptées que si elles sont en état de gestation apparente ou suitées d'un poulain.

TABLEAU

indiquant les exemptions à accorder aux fonctionnaires et établissements publics qui sont tenus de posséder des chevaux, juments, mulets et mules, et des voitures pour le service de l'État.

DÉSIGNATION des MINISTÈRES.	DÉSIGNATION : 1° Des fonctionnaires qui sont tenus de posséder des chevaux et voitures ; 2° Des administrations auxquelles des chevaux de service et des voitures sont nécessaires.	NOMBRE D'ANIMAUX par fonctionnaire ou établissement.	NOMBRE DE VOITURES à 2 ou 4 roues par fonctionnaire ou établissement.	OBSERVATIONS.
	Tous les Ministres	»	»	Sans fixation de chiffre.
JUSTICE ET CULTES.	*Imprimerie nationale.*			
	Directeur et service	10	5	
AFFAIRES ÉTRANGÈRES	Le directeur des affaires politiques	3	4	
	Préfets des départements	2	»	
	Sous-préfets des arrondissements	1	»	
INTÉRIEUR	*Etablissements pénitentiaires.*			
	Clairvaux (Aube)	6	5	
	Val d'Yèvre (Cher)	11	5	
	Casabianca (Corse)	45	20	
	Castelluccio (Corse)	8	4	
	Chiavari (Corse)	31	15	
	Saint-Han (Côtes-du-Nord)	2	1	
	Gaillon (Eure)	1	1	
	Les Douaires (Eure)	10	5	
	Maison centrale de Nîmes (Gard)	1	1	
	Colonie de Mettray (Indre-et-Loire)	5	2	
	La Motte-Beuvron (Loir-et-Cher)	8	4	
	Fontevrault (Maine-et-Loire)	3	2	
	Loos (Nord)	2	2	
	Saint-Bernard (Nord)	13	6	
	La Grande-Trappe (Orne)	2	2	
	Ecole St-Joseph à Frasnes (Hte-Saône)	2	4	
	Atelier refuge de Rouen	2	2	
	Saint-Hilaire (Vienne)	44	7	

DÉSIGNATION des MINISTÈRES.	DÉSIGNATION : 1° Des fonctionnaires qui sont tenus de posséder des chevaux et voitures ; 2° Des administrations auxquelles des chevaux de service et des voitures sont nécessaires.	NOMBRE D'ANIMAUX par fonctionnaire ou établissement.	NOMBRE DE VOITURES à 2 ou à 4 roues par fonctionnaire ou établissement.	OBSERVATIONS.
	Établissements généraux de bienfaisance.			
	Maison nationale de Charenton (Seine).	3	2	
	Asile national de Vincennes (Seine)...	5	2	
	Asile national du Vésinet (S.-et-O.)...	3	2	
	Institution nationale des sourdes-muettes de Bordeaux............	1	1	
	Hospice national du Mont-Genèvre...	1	1	
	Institution nationale des sourds-muets de Chambéry.................	1	1	
	Établissements hospitaliers.			
	Dépôt de mendicité de Montreuil-sous-Laon (Aisne)............	4	2	
	Hospice d'Angoulême (Charente).....	2	2	
	Dépôt de mendicité de Rabès (Corrèze).	1	1	
	Hospice général de Tours (Indre-et-Loire).................	5	3	
	Hospice d'Alençon (Orne)...........	1	1	
	Dépôt de mendicité de Neurey (Haute-Saône).................	2	1	
	Hospices du Mans (Sarthe).........	1	1	
	Hospices de Poitiers (Vienne).......	1	1	
INTÉRIEUR. (*Suite.*)	Hospice de Reims (Marne)..........	1	1	
	Établissements dépendant de l'assistance publique de Paris (Seine).			
	Hôpital de la Charité, à Paris.......	1	1	
	— de la Pitié, à Paris...........	1	1	
	— Saint-Antoine, à Paris.......	1	2	
	— Necker, à Paris.............	1	2	
	— Beaujon, à Paris............	1	2	
	— Lariboisière, à Paris........	2	2	
	— Saint-Louis, à Paris........	2	3	
	— des enfants malades, à Paris...	2	1	
	— Sainte-Eugénie, à Paris.....	2	2	
	— de Berck-s.-Mer (Pas-de-Calais).	3	1	
	Maison municipale de santé, à Paris..	1	2	
	Hospice des enfants assistés, à Paris..	4	3	
	— de Bicêtre (vieillesse, hommes), à Gentilly (Seine).........	6	4	
	— de la Salpêtrière (vieillesse, femmes), à Paris.........	6	6	
	— des incurables, à Ivry (Seine).	5	3	
	Maison des ménages, à Issy (Seine)..	2	3	
	Institution de Sainte-Périne, à Paris (Auteuil).................	1	2	
	Amphithéâtre d'anatomie, à Paris....	1	2	
	Hospice de la Reconnaissance (fondation Brézin), à Garches (Seine-et-Oise).	1	3	
	Hospices de Montpellier............	3	»	
	Hôpital-hospice de Niort............	11	»	

DÉSIGNATION des MINISTÈRES.	DÉSIGNATION 1° Des fonctionnaires qui sont tenus de posséder des chevaux et voitures; 2° Des administrations auxquelles des chevaux de service et des voitures sont nécessaires.	NOMBRE D'ANIMAUX par fonctionnaire ou établissement.	NOMBRE DE VOITURES à 2 ou 4 roues par fonctionnaire ou établissement.	OBSERVATIONS.
	Asiles d'Aliénés.			
INTÉRIEUR. (*Suite.*)	Prémontré (Aisne)	6	3	
	Sainte-Catherine, commune d'Yseure (Allier)	3	2	
	Saint-Lizier (Ariège)	1	1	
	Rodez (Aveyron)	1	1	
	Aix (Bouches-du-Rhône)	2	1	
	Marseille (Bouches-du-Rhône)	1	1	
	Breuty (Charente)	2	1	
	Lafond, commune de Cognehors (Charente-Inférieure)	2	1	
	Bourges (Cher)	2	2	
	Dijon (Côte-d'Or)	1	1	
	Lehon, près Dinan (Côtes-du-Nord)	2	1	
	Bon-Sauveur, à Bigard (Côtes-du-Nord)	2	1	
	Evreux (Eure)	3	2	
	Bonneval (Eure-et-Loir)	3	2	
	Saint-Athanase, près Quimper (Finistère)	4	2	
	Toulouse (Haute-Garonne)	5	1	
	Auch (Gers)	2	1	
	Bordeaux (Gironde)	1	1	
	Cadillac (Gironde)	2	2	
	Rennes (Ille-et-Vilaine)	3	2	
	Saint-Robert, à Saint-Egrève (Isère)	1	1	
	Dôle (Jura)	4	2	
	Blois (Loire-et-Cher)	2	2	
	Saint-Alban (Lozère)	2	1	
	Saint-Gemmes, près Angers (Maine-et-Loire)	4	2	
	Pontorson (Manche)	1	1	
	Picauville (Manche)	1	1	
	Saint-Lô (Manche)	1	1	
	Châlons (Marne)	2	1	
	Saint-Dizier (Haute-Marne)	1	1	
	La Roche-Gandon, commune de Mayenne (Mayenne)	2	1	
	Maréville (Meurthe-et-Moselle)	4	2	
	Fains, près Bar-le-Duc (Meuse)	1	1	
	La Charité, près Nevers (Nièvre)	1	1	
	Bailleul (Nord)	6	3	
	Armentières (Nord)	5	3	
	Lommelet, à Marquette (Nord)	4	2	
	Alençon (Orne)	2	1	
	Pau (Basses-Pyrénées)	4	2	
	Bron (Rhône)	4	2	
	Le Mans (Sarthe)	1	1	
	Bassens (Savoie)	1	1	
	Sainte-Anne, à Paris	4	6	
	Vaucluse, commune d'Epinay-sur-Orge (Seine-et-Oise)	8	3	

DÉSIGNATION des MINISTÈRES.	DÉSIGNATION 1° Des fonctionnaires qui sont tenus de posséder des chevaux et voitures ; 2° Des administrations auxquelles des chevaux de service et des voitures sont nécessaires.	NOMBRE D'ANIMAUX par fonctionnaire ou établissement.	NOMBRE DE VOITURES à 2 ou à 4 roues par fonctionnaire ou établissement.	OBSERVATIONS.
INTÉRIEUR. (Suite.)	*Asiles d'aliénés* (suite).			
	Ville-Evrard, commune de Neuilly-sur-Marne (Seine-et-Oise)	6	2	
	Quatre-Mares, à Sotteville-lès-Rouen (Seine-Inférieure)	6	3	
	Bon-Sauveur (Tarn)	1	1	
	Mont-de-Vergnes, à Avignon (Vaucluse).	2	1	
	La Roche-sur-Yon (Vendée)	2	1	
	Naugeat, à Limoges (Haute-Vienne).	1	1	
	Service municipal de Paris.			
	Octroi de la Ville	4	2	
	Pompes funèbres de la Ville	364	»	
	Idem de la ville de Marseille	40	»	
	Idem de la ville d'Orléans	2	2	
FINANCES..	Administration centrale	3 (1)	3	(1) Ces chevaux appartiennent à un entrepreneur.
	1° *Administration des Douanes.*			
	Inspecteurs divisionnaires	2	»	
	Sous-inspecteurs divisionnaires	2	»	
	Employés des brigades à cheval	1	»	
	2° *Administration des contributions indirectes.*			
	Receveurs ambulants à cheval	1	1	
	Commis principaux à cheval	1	»	
COMMERCE ET INDUSTRIE.	*Administration des Télégraphes.*			
	Dépôt central à Paris	6 (1)	»	
MARINE ET COLONIES.	Hôpital maritime de Rochefort	1	5	
	Hospice des orphelines de la marine de Rochefort	1	1	
	Adjudicataires des travaux dans les ports et établissements de la marine, à Cherbourg	6	»	

DÉSIGNATION des MINISTÈRES.	DÉSIGNATION 1° Des fonctionnaires qui sont tenus de posséder des chevaux et voitures; 2° Des administrations auxquelles des chevaux de service et des voitures sont nécessaires.	NOMBRE D'ANIMAUX par fonctionnaire ou établissement.	NOMBRE DE VOITURES à 2 ou à 4 roues par fonctionnaire ou établissement.	OBSERVATIONS.
MARINE ET COLONIES.. (*Suite.*)	Adjudicataires des travaux dans les ports et établissements de la marine, à Brest..........................	12	»	
	Idem, à Lorient	8	»	
	Idem, à Rochefort	4	»	
	Idem, à Toulon.	9	»	
	Idem, à Indret....................	8	»	
	Idem, à Guérigny	11	»	
		.....		
		.....		
		.....		
		.....		
		.....		
INSTRUCTION PUBLIQUE ET BEAUX-ARTS.	Faculté de médecine de Paris	1	1	
	Lycée de Nantes..................	4	1	
AGRICULTURE...	*1° Service des haras.*			
	Inspecteurs généraux...............	2	1	
	Directeurs des dépôts d'étalons......	1	1	
	Sous-directeurs des dépôts d'étalons..	1	»	
	2° Service des forêts.			
	Inspecteurs......................	1	»	
	Sous-inspecteurs..................	1	»	
	Gardes généraux..................	1	»	
	Gardes généraux adjoints...........	1	»	
	Brigadiers du service des dunes	1	»	
		.....		
		.....		
		.....		
		.....		
		.....		
TRAVAUX PUBLICS....	*Service des ponts et chaussées.*			
	Les ingénieurs ordinaires chargés d'un service d'arrondissement........	1	»	
	Service des bâtiments civils et palais nationaux.			
	Conservation du mobilier national...	4	10	
	Palais du Luxembourg.............	1	2	
	Palais de Versailles	1	2	
	Palais de Saint-Cloud.............	3	4	

PARIS — IMPRIMERIE L. BAUDOIN, 2, RUE CHRISTINE.

PARIS. — IMPRIMERIE L. BAUDOIN, 2, RUE CHRISTINE.